BEI GRIN MACHT SICH IHR
WISSEN BEZAHLT

Bibliografische Information der Deutschen Nationalbibliothek:

Die Deutsche Bibliothek verzeichnet diese Publikation in der Deutschen National-
bibliografie; detaillierte bibliografische Daten sind im Internet über http://dnb.d-
nb.de/ abrufbar.

Impressum:

Copyright © 2015 GRIN Verlag
Druck und Bindung: Books on Demand GmbH, Norderstedt Germany
ISBN: 9783346052575

Dieses Buch bei GRIN:

https://www.grin.com/document/504086

Carsten Friebis

Jungen ohne Väter. Entwicklung der Geschlechteridentität im Kindergartenalter

GRIN Verlag

GRIN - Your knowledge has value

Der GRIN Verlag publiziert seit 1998 wissenschaftliche Arbeiten von Studenten, Hochschullehrern und anderen Akademikern als eBook und gedrucktes Buch. Die Verlagswebsite www.grin.com ist die ideale Plattform zur Veröffentlichung von Hausarbeiten, Abschlussarbeiten, wissenschaftlichen Aufsätzen, Dissertationen und Fachbüchern.

Besuchen Sie uns im Internet:

http://www.grin.com/

http://www.facebook.com/grincom

http://www.twitter.com/grin_com

HS RheinMain, BASA - Online 13 B,
Fachbereich Sozialwesen, WiSe 2014/15

Theorieprojekt

Thema: „Jungen ohne Väter - Entwicklung der Geschlechteridentität im Kindergartenalter"

Inhaltsverzeichnis

1. Einleitung

In diesem Theorieprojekt möchte ich die (Geschlechter-)Identitätsentwicklung des Kindes im Kindergartenalter (3-6 Jahre) thematisieren und die Bedeutung der Rolle des Vaters für diese Entwicklung herausfinden. Im ersten Kapitel beschreibe ich die aktuellen Familienstrukturen, die Rollen der Eltern und den aktuellen Forschungsstand. Im Kapitel zwei gehe ich nochmal näher auf die Rolle des Vaters bei der Identitätsentwicklung ein, beschreibe welche Auswirkungen dies auf das Aufwachsen des Sohnes ohne Vater haben könnte und erläutere im Hinblick auf das Thema die Bedeutung der Geschlechteridentität. Danach befasse ich mich mit 3 Theorien, die die Entwicklung der (Geschlechter-) Identität und die Bedeutung des Vaters beleuchten sollen: der Identitätstheorie nach Lothar Krappmann, die Geschlechtertheorie von Judith Butler sowie die Theorie der Lebensbewältigung nach Lothar Böhnisch als Konzept der Sozialen Arbeit. Am Ende jeder vorgestellten Theorie untersuche ich diese dahingehend was sie über die (Geschlechter-)Identitätsentwicklung des Kindes aussagt und inwiefern die gewonnenen Erkenntnisse mit den zuvor in der Einleitung und Hinführung aufgestellten Behauptungen und Aussagen übereinstimmen. Im Fazit nehme ich Stellung zum Theorieprojekt und fasse die Ergebnisse zusammen und leite daraus einen Auftrag bzw. Ausblick für die Soziale Arbeit ab.

In einer Zeit in der sich die Gesellschafts- und Familienstrukturen ändern, in der Normalerwerbsbiografien brüchig sind, Frauen einer regelmäßigen Erwerbsarbeit nachgehen und Väter sich innerhalb der Familie stärker engagieren, steigt das Interesse an der Bedeutung und des Einflusses des Vaters auf die Entwicklung der Kinder. Der Einfluss der Mutter für ihr Kind ist unbestritten - von ihrer biologischen Funktion bis hin zur Rolle als Mutter und wichtige Bindungsperson. Doch wozu brauchen Kinder einen Vater und welche Rolle spielt er für die Entwicklung der Kinder (vgl. dazu insgesamt Saltzwedel 2009, S. 3)?

Bis in die 60iger Jahre bestand eine klare Rollenverteilung in der Familie, der Mann/Vater war der Beschützer und Ernährer und die Frau/Mutter hatte die Funktion der Betreuerin bzw. Versorgerin. Durch verschiedene Bewegungen (feministische Revolution, Männerrevolte) änderte sich das Bild von Familie und Erziehung und es rückte die Frage in den Vordergrund welche erzieherische Bedeutung und Funktion der Vater hat (vgl. Walbiner 2006a, S. 10). In der heutigen Vaterforschung ist es selbst für Experten schwer den Überblick zu behalten. Konsens ist, dass der Vater für die Entwicklung des Kindes wichtige Beiträge leisten kann (vgl. Walbiner 2006b, S. 191). „Säuglinge und Kleinkinder können ebenso enge Bindungen zu Vätern aufbauen wie zu Müttern. Auch wenn Väter nicht direkt anwesend sind, können sie im Leben ihrer Kinder dennoch eine wichtige Rolle spielen" (Walbiner 2006b, S.191).

2.1 Die Rolle des Vaters bei der Entwicklung des Kindes

Die Rolle des Vaters bei der Identitätsentwicklung des Kindes wird kontrovers diskutiert. Nach neoliberalistischen Vorstellungen hat der Vater eine einzigartige und wesentliche Rolle bei der Entwicklung des Kindes, insbesondere bei der Rollenfindung und um Geschlechtsidentität aufzubauen. Studien zeigen aber, dass nicht das Geschlecht der Erziehungsperson eine positive Entwicklung des Kindes vorhersagen lässt, sondern sie brauchen eine stabile Beziehung zu mindestens einer Bezugsperson, die Verantwortung und Fürsorge übernimmt, die eine positive emotionale Bindung zum Kind hat und zu der das Kind eine positive Beziehung empfindet (vgl. dazu insgesamt Walbiner 2006b, S. 192). So kann beispielsweise auch der Vater primäre Betreuungsfunktionen genauso kompetent und sensibel ausüben wie die Mutter (vgl. Walbiner 2006b, S. 194).

2.2 Auswirkungen des Aufwachsen ohne Vater auf den Sohn

Wie ein Kind die Vaterabwesenheit empfindet, hängt von vielen Faktoren, wie die Ursache der Vaterlosigkeit, materielle Situation, die Einstellung der Mutter gegenüber dem abwesenden Vater, etc. ab (vgl. Schon 2010, S. 78). So beeinträchtigen eher die negativen Konsequenzen der Armut die Entwicklung der Kinder als die Abwesenheit des Vaters. Auch ist eine Ehescheidung nicht zwangsläufig mit negativen Auswirkungen auf die Kinder verbunden (vgl. Walbiner 2006b, S. 192).

Eine Auswirkung von Vaterlosigkeit, die in vielen Untersuchungen festgestellt wurde, ist ein sogenannter Alterseffekt, d.h. je früher die Kinder von Vaterlosigkeit betroffen sind, je nachteiliger sind die Folgen, besonders bis zum 5. Lebensjahr. Eine frühe Abwesenheit des Vaters hat auch geschlechtsspezifisch unterschiedliche Auswirkungen: Jungen sind häufiger mit negativen Konsequenzen betroffen als Mädchen (vgl. Schon 2010, S. 231).

In neueren Forschungsarbeiten kann die Vaterlosigkeit auf die kindliche Entwicklung negative Folgen im Hinblick auf das Selbstwertgefühl, die Selbstkontrolle, das kindliche Wohlergehen und die schulischen Leistungen haben. Dies können kompensierbare Beeinträchtigungen sein, aber auch langfristige gravierende Verhaltensänderungen (vgl. Kalicki 2006, S. 160).

Untersuchungen zu geschlechtsspezifischen Einstellungen und Verhaltensweisen sind auch nicht eindeutig und es können bei Jungen kein genereller „Mangel an Männlichkeit" feststellt werden, wenn sie vaterlos aufwachsen (vgl. Schon 2010, S. 107). „Die Entwicklung geschlechtsspezifischer Erlebens- und Verhaltensweisen ist ein hoch komplexes Geschehen, was von vielfältigen Verhaltensweisen beeinflusst wird" (Schon 2010, S. 107). Um Sicherheit für ihre Geschlechterrolle zu erlangen ist ein Vater oder eine positive männliche Identifikationsfigur aber generell von Vorteil (vgl. Schon 2010, S. 108). Bei Störungen oder Irritationen der Geschlechtsidentität sind die Lebensumstände des vaterlosen Jungen zu betrachten und nicht nur der Aspekt der Vaterlosigkeit (vgl. ebd. 2010, S. 109).

2.3 Entwicklung und Bedeutung von Geschlecht und Geschlechtsidentität

Die Einteilung in 2 unterschiedliche Geschlechter strukturiert unseren Alltag. Die Geschlechterdifferenz in männlich und weiblich ist sowohl eine biologische Tatsache als auch eine soziale Wirklichkeit (vgl. Lammerding 2004, S. 86).

Geschlecht ist nach Lammerding eines der herausragendsten Merkmale was die Sozialisation eines Menschen beeinflusst (vgl. Lammerding 2004, S. 87).

Menschen lernen in einem komplexen Prozess die Regeln, Normen und Kulturen einer Gesellschaft kennen und was es bedeutet Frau oder Mann zu sein (vgl. Küppers 2012, S. 6). „Sie entwickeln ein Gefühl und ein kognitives Konzept für die eigene Identität und lernen, den Regeln dieser Gesellschaft entsprechend mit anderen Personen zu interagieren" (Küppers 2012, S. 6).

Seit den 1990er Jahren wird die Vorstellung einer eindeutigen und stabilen geschlechtlichen Identität, die im Sozialisationsprozess erzeugt wird, hinterfragt. Judith Butler erklärt, dass von keiner Geschlechtsidentität behauptet werden kann, dass sie aus dem biologischen Geschlecht heraus folgt. Die Unterscheidung von anatomischem Geschlecht und Geschlechtsidentität deutet „vielmehr auf eine grundlegende Diskontinuität zwischen den sexuell bestimmten Körpern und den kulturell bedingten Geschlechtsidentitäten hin" (Butler 1991, S. 22f.). Eine geschlechtsspezifische Sozialisation, der Erwerb von Geschlechteridentität und Geschlechterrolle ist nach Auffassung der genderorientierten Sozialisationstheorie ein sozialer Prozess (vgl. Küppers 2012, S. 7). „Die Geschlechterdifferenz kann somit als ein Resultat der Alltagspraktiken von Menschen verstanden werden, die sich kontinuierlich zu Frauen und Männern machen beziehungsweise gemacht werden" (Küppers 2012, S. 7).

„Geschlecht kann als das Ergebnis eines langwierigen gesellschaftlichen Prozesses betrachtet werden, der sowohl den scheinbar natürlichen Geschlechtskörper als auch Geschlechterrollen, -normen und -identitäten umfasst" (Küppers 2012, S. 8).

5

3. Soziologische Theorie zum Identitätsbegriff (Lothar Krappmann)

Identität entwickelt sich innerhalb des sozialen Miteinanders und im Kontext der Umgebung des Individuums. Krappmann geht von gesellschaftlichen und individuellen Faktoren aus, die die Identitätsbildung fördern oder hemmen.

3.1 Zentrale Prämissen und Aussagen

Was bedeutet Identität nach Lothar Krappmann? Für ihn ist „Identität die Leistung, die das Individuum als Bedingung der Möglichkeit seiner Beteiligung an Kommunikations- und Interaktionsprozessen zu erbringen hat" (Krappmann 1993, S. 207). Identität ist also etwas dynamisches, ein veränderbarer Prozess der sich mit jeden Kommunikations- und Interaktionsprozess neu definiert. Krappmann geht davon aus, dass jeder Mensch sich in unterschiedlichen Kommunikationsprozessen unterschiedlich verhält. z.b. dass „wir in ein Gespräch über politische Probleme mit einem Studentenvertreter anders sprechen als mit einem Mitglied der Regierungspartei" (vgl. Krappmann 1993, S. 7).

Der Mensch, der sich in einem Integrationsprozess befindet, steckt also in folgendem Dilemma: Obwohl gemeinsames Handeln und Kommunikation auf der einen Seite voraussetzen, dass die Partner sich in Handlungsorientierung und Sprache ineinander angleichen, muss jeder auf der anderen Seite verdeutlichen, „wer er ist", um den Ablauf der Zusammenkünfte vorhersehbar und planbar zu machen (vgl. Krappmann 1993, S. 7).

„Diese Interpretation divergierender Anforderungen und Erwartungen geschieht in der Identitätsbalance, die das Individuum vor den Augen seiner Partner aufrechtzuerhalten sich bemüht. Die Identität stellt dar, wie das Individuum im Horizont der Anforderungen der derzeitigen Interaktionspartner seine eigenen Erwartungen und Bedürfnisse verstanden wissen will" (Krappmann 1993, S. 207f.).

Krappmann übernimmt zur Klärung der Identitätsbalance das Model von E. Goffman von 1963. Goffman unterscheidet zwischen sozialer und persönlicher Identität. Der Begriff der sozialen Identität bezieht sich auf die Normen und Erwartungen, denen das Individuum im gegenwärtigen Interaktionsprozess gegenübersteht, der Begriff der persönlichen Identität dagegen auf die dem Individuum zugeschriebene Eigenschaften und Einzigartigkeit. Beides sind von anderen zugeschriebene, nicht selbst entwickelte Identitäten, die im Widerstreit zueinander stehen, d.h. beides sind Erwartungen der Interaktionspartner an das Individuum. Bei der persönlichen Identität wird vom Individuum verlangt, zu sein wie kein anderer. Bei der sozialen Identität dagegen wird das Individuum betrachtet, als ob es mit den vorgesehenen Normen voll zur Deckung zu bringen sei. In dieser Dimension wird ihm folglich zugeschrieben, zu sein wie alle anderen. Zwischen Ihnen zu balancieren ist die Leistung des Individuums, die als Ich-Identität bezeichnet wird (vgl. dazu insgesamt Krappmann 1973, S. 170f.).

„Eine gelungene Identitätsbalance bewirkt, dass das Individuum einerseits trotz der ihm angesonnenen Einzigartigkeit sich nicht durch Isolierung aus der Kommunikation und Interaktion mit anderen ausschließen lässt, und andererseits sich nicht unter die für es bereitgehaltenen sozialen Erwartungen in einer Weise subsumieren lässt, die ihm unmöglich macht, seine eigenen Bedürfnisdispositionen in die Interaktion einzubringen" (Krappmann 1973, S. 171).

Um Ich-Identität zu entwickeln und Interaktionsprozesse fortzuführen, muss das Individuum vielseitige Fähigkeiten besitzen. Krappmann unterscheidet zwischen gesellschaftlichen und individuellen identitätsfördernden Bedingungen. Unter gesellschaftlichen Bedingungen versteht er u.a. flexible Normensysteme, die es ermöglichen die eigenen Rollen neu- und umzuinterpretieren. Das Individuum muss in der Lage sein, die Erwartungen anderer zu antizipieren, gesellschaftliche Normen den eigenen Erwartungen entsprechend umzuinterpretieren und auch Erwartungsdiskrepanzen oder mangelnde Bedürfnisbefriedung zu kompensieren, d.h. es muss die Fähigkeit entwicklen sich in Interaktionsprozessen immer wieder neu definieren zu können. Um diese Leistungen vollbringen zu können, benötigt das Individuum bestimmte individuelle identitätsfördernde Fähigkeiten, die es im Laufe des Sozialisationsprozesses erlernt haben sollte (vgl. dazu insgesamt Krappmann 1993, S. 132): die Rollendistanz, das „Role taking" bzw. die Empathie, die Ambiguitätstoleranz und die Identitätstoleranz.

Eine weitere Schlüsselrolle in der Theorie von Krappmann gilt den Sprachfähigkeiten. Seine Theorie beschäftigt sich in erster Linie mit den Rollenerwartungen in Interaktionssituationen und den strukturellen Bedingungen für die Behauptung von Identität (vgl. Krappmann 1993, S. 15), jedoch ist für die Darstellung und Aufrechterhaltung von Identität, das Individuum auf Sprache angewiesen und tauscht über sie und mit Hilfe von Gestik bzw. Mimik Absichten, Wünsche und Bedürfnisse aus (vgl. Krappmann 1993, S. 12).

3.1.1 Rollendistanz

Als erste Voraussetzung für Identitätsentwicklung und -wahrung nennt Krappmann die Fähigkeit der Rollendistanz. Rollendistanz bedeutet, „dass das Individuum überhaupt in der Lage ist, sich Normen gegenüber reflektierend und interpretierend zu verhalten"

(Krappmann 1993, S. 133). Dafür ist es wichtig zu erkennen in welcher Rolle man sich gerade befindet und welche Erwartungen die Umwelt an einen stellt, um sich auf der einen Seite auf dieser Grundlage präsentieren zu können und auf der anderen Seite nicht gänzlich diesen Erwartungen unterzuordnen. Wenn man dies erkennt, kann man die Rollenerwartungen überdenken, negieren, modifizieren und interpretieren (vgl. Krappmann 1993, S. 133). Eine Identitätsbildung kann demnach kaum gelingen, wenn man sich ausschließlich den Rollenerwartungen anderer anpasst, oder sie überhaupt nicht beachtet bzw. wahrnimmt.

Da wir in der Regel mehr als eine Rolle inne haben, hilft die Rollendistanz dem Individuum zudem, eine entsprechende Rolle in einer bestimmten Interaktion einzunehmen, in ihr zu handeln und sie zu interpretieren, ohne die anderweitigen Rollenbeziehungen völlig außer acht zu lassen. Rollendistanz kann nicht nur als Voraussetzung für die Identitätsgewinnung angesehen werden, sondern wenn Rollendistanz auftritt, muss das Individuum die Ich-Identität schon in einem gewissen Maße erreicht haben (vgl. Krappmann 1993, S. 137). „Ohne den Rückgriff auf eine zu etablierende Ich-Identität fehlt dem Individuum der Bezugspunkt, vom dem aus es den Anforderungen einer Rolle Widerstand entgegensetzen oder sie modifizieren kann. Rollendistanz ist ein Korrelat der Bemühung um Ich-Identität." (Krappmann 1993, S. 138).

3.1.2 „Role taking" und Empathie

Für Krappmann ist „Role taking" eine weitere Bedingung um eine stabile Ich-Identität zu entwickeln. „Role taking" ist ein Prozess, in dem antizipierte Erwartungen ständig getestet und aufgrund neuen Materials, das der fortschreitende Prozess liefert, immer wieder revidiert werden, bis sich die Interpretationen einer bestimmten Situation und ihrer Erfordernisse unter den beteiligten Interaktionspartnern einander angenähert haben (vgl. Krappmann 1993, S. 145). „Role taking" ist die Fähigkeit sich in andere Menschen und ihre Rollen hineinzuversetzen, also die heute im allgemeinen als Empathie bekannte Fähigkeit (vgl. Krappmann 1993, S. 142). Die o.g. Rollendistanz ist als eine notwendige Voraussetzung für die Betrachtung von Interaktionssituationen aus verschiedenen Perspektiven anzusehen. Ebenso wie bei der Rollendistanz kann Empathie die Identitätsbildung fördern, setzt aber auch voraus, dass schon ein Teil der Identität gebildet wurde (vgl. Krappmann 1993, S. 143):

„Auch Empathie ist sowohl Voraussetzung wie Korrelat von Ich-Identität. Ohne die Fähigkeit, die Erwartungen der anderen zu antizipieren, ist die Formulierung einer Ich-Identität nicht denkbar. Jedoch bestimmt auch die jeweils ausbalancierte Ich-Identität durch die Art, in der sie Normen und Bedürfnisdispositionen aufgenommen hat, die Möglichkeit des „role talking" mit: Die Ich-Identität, die das Individuum in einer bestimmten Situation errichtet, legt Grenzen fest, über die hinweg der Person „role talking" schwerfällt" (Krappmann 1993, S. 143).

Doch entstehen durch Rollendistanz und durch „role-taking" widersprüchliche und vieldeutige Situationen, die dem Individuum einerseits dazu verhelfen, diese zu betrachten, aber andererseits stellen sie auch eine Belastung für den Einzelnen dar, denn „sie konfrontieren es mit Erwartungen, die den seinen widersprechen und in sich widersprüchlich sein können" (vgl. Krappmann 1993, S. 150).

Im Kontext dieser Herausforderung hilft die Kompetenz der Ambiguitätstoleranz.

3.1.3 Ambiguitätstoleranz

In der Regel decken sich die Erwartungen von Interaktionspartnern nicht, so dass in zwischenmenschlichen Interaktionen immer wieder Inkongruenzen auftreten. Da somit Interaktion nicht die Bedürfnisse aller Beteiligten vollständig befriedigen kann, muss jedes Individuum die Fähigkeiten entwickeln, diese Erwartungsdiskrepanz zu ertragen (vgl. Krappmann 1993, S. 150f.). Die Fähigkeit, diese Ambivalenzen zu ertragen und zu verarbeiten, bezeichnet Krappmann als Ambiguitätstoleranz. Krappmann schreibt dazu: „Die Ambiguitätstoleranz ist die, für die Identitätsbildung mutmaßlich entscheidendste Variable, weil Identitätsbildung offenbar immer wieder verlangt, konfligierende Identifikationen zu synthetisieren. Ohne sie ist ein Individuum nicht in der Lage, angesichts der in Interaktion notwendigerweise auftretenden Ambiguitäten und unter Berücksichtigung seiner Beteiligung an anderen Interaktionssystemen und einer aufrechtzuerhaltenden biographischen Kontinuität zu handeln" (Krappmann 1993, S. 167). „Die Errichtung einer individuierten Ich-Identität lebt von Konflikten und Ambiguitäten. Werden Handlungsalternativen, Inkonsistenzen und Inkompatibilitäten verdrängt oder geleugnet, fehlt dem Individuum die Möglichkeit, seine besondere Stellung angesichts spezifischer Konflikte darzustellen" (Krappmann, 1993, S. 167).

Ähnlich wie die Rollendistanz ist die Ambiguitätstoleranz Voraussetzung und Folge zugleich. Sie hilft dem Individuum bei Spannungsverhältnissen seine Identitätsbalance zu wahren und die Ich-Identität kann trotz der Wahrnehmung der Spannung handlungsfähig bleiben (vgl. Krappmann 1973, S. 173f.).

3.1.4 Identitätsdarstellung

Mit ihr ist die Fähigkeit gemeint seine Identität nach außen darzustellen und zu präsentieren. Auch sie ist Voraussetzung und Folge der Ich-Identität zugleich (Krappmann 1993, S. 168). Diese Selbstdarstellung geschieht in zwei Schritten: zu zeigen, dass das Individuum nicht nur das augenblicklich Sichtbare ist und dem Beweisen was man eben noch ist (vgl. Krappmann 1993, S. 170). „Das Individuum kokettiert mit Rollen, spielt mit ihnen, überdramatisiert sie und bringt auf all diesen Wegen ein Element von Fragwürdigkeit, von Ambivalenz und Distanz in sein Handeln, das dem Beobachter Anlass ist zu prüfen, wie das, was sein Gegenüber tut, zu verstehen ist" (Krappmann 1993, S. 170).

3.2 Relevanz im Hinblick auf die Fragestellung

Krappmanns Theorie sagt wenig über die Entwicklung von geschlechtsspezifischen Rollen und Identitäten im Kindesalter oder über die Bedeutung des Vaters für die Identitätsentwicklung des Kindes aus.

Er hat vielmehr ein handlungstheoretisches Identitätskonzept entworfen, bei dem er davon ausgeht, dass ein Individuum nur dann Identität entwickelt, wenn es mit anderen Personen bzw. Personengruppen so interagieren kann, dass es auch eigene Bedürfnisse und Situationsdefinitionen in die Interaktion einbringen kann. Identitätsbildung in diesem interaktionistischen Sinne setzt also einen gewissen Grad an Selbstreflexion voraus, d.h. dass ein Individuum seine Bedürfnisse nicht nur artikulieren, sondern auch bewusst wahrnehmen, einordnen und bewerten kann. Identitätsbildung ist in Krappmanns Verständnis an kognitive, soziale und psychische Reifungsprozesse gebunden, in denen das Individuum die oben beschriebenen Fähigkeiten entwickelt (Empathie, Rollendistanz, Ambiguitätstoleranz, kommunikative Kompetenz), und damit lernt, sich zum einen als einzigartig und unverwechselbare Persönlichkeit und andererseits als sozialen Gruppen zugehöriges soziales Wesen zu empfinden. Dies bezeichnet Krappmann in seiner Theorie als soziale und personale Identität (vgl. dazu insgesamt Star 1993, S. 51). Die von Krappmann beschriebene Identitätsdarstellung ist somit im Rahmen der Geschlechtsidentität auch in eine persönliche und soziale Ebene zu unterscheiden. Persönliche Identität meint demnach die Selbstzuschreibung zu männlichen Merkmalen und Eigenschaften, die soziale Identität meint das Zugehörigkeitsgefühl zu Gruppen, wie Jungen bzw. Männer. Die Geschlechteridentität entwickelt sich demnach zwischen den Anforderungen der gesellschaftlichen Erwartungen und Rollen sowie den eigenen Bedürfnissen. (Geschlechter-)Identität ist demnach ein dynamischer Prozess und stellt dar „wie das Individuum in verschiedenartigen Situationen eine Balance zwischen widersprüchlichen Erwartungen, zwischen den Anforderungen der anderen und eigenen Bedürfnissen sowie dem Verlangen nach Darstellung dessen, worin es sich vom anderen unterscheidet, und der Notwendigkeit, die Anerkennung der anderen für seine Identität zu finden, gehalten hat" (Lammerding 2004, S. 86). Das geschlechtliche Selbstkonzept ist demnach ein Aspekt der Ich-Identität, ein Bild welches das Individuum von sich selbst hat bzw. wie es sich aus seinem Inneren identifiziert.

Für eine positive Ausgestaltung der Ich-Identität brauchen Kinder nicht nur die Fähigkeit, sondern auch die Möglichkeit ihre Ich-Identität zu behaupten und zu artikulieren. Entscheidend dabei ist, ob innerhalb der familialen Sozialisationsebene den Kindern und Jugendlichen ausreichend persönlicher Freiraum zugestanden wird, so dass sie die Möglichkeit haben, die o.g. Fähigkeiten bzw. Grundqualifikationen zu erlernen und somit eine stabile „Identität" zu entwickeln. Voraussetzungen ist zudem das die gesellschaftlich flexible Normensysteme Raum zu subjektiver Interpretation und individueller Ausgestaltung des Verhaltens, zu „role making", zulassen (vgl. Krappmann 1993, S. 132). Jungen und Mädchen werden in die Umgebung, in der sie aufwachsen hineinsozialisiert, das bedeutet, dass sie die Rolle übernehmen, die dort üblich ist. Die Interaktionen mit Menschen und der sie umgebenden Welt geben die Rollen vor, die Kindern vorgelebt und anerzogen werden.

4. Geschlechtertheorie nach Judith Butler

Judith Butler vertritt die Auffassung, dass auch das biologische Geschlecht keine natürliche, statische Kategorie, sondern Ort politischer Auseinandersetzungen und von Diskursen ist. Diese Politisierung der Kategorie mit dem Ziel der Entnaturalisierung und Auflösung der Kategorie bietet die Möglichkeit aus Geschlechterunterschieden resultierende Hierarchien und Benachteiligungen abzubauen.

4.1 Zentrale Prämissen und Aussagen

Das Besondere an der Geschlechtertheorie von Judith Butler lässt sich am besten mit folgendem Zitat aus ihrem Buch „Das Unbehagen der Geschlechter" herausstellen:

„Wenn man den unveränderlichen Charakter des Geschlechts bestreitet, erweist sich dieses Konstrukt namens Geschlecht vielleicht als ebenso kulturell hervorgebracht wie die Geschlechtsidentität. Ja, möglicherweise ist das Geschlecht (sex) immer schon Geschlechtsidentität (gender) gewesen, so dass sich herausstellt, dass die Unterscheidung zwischen Geschlecht und Geschlechtsidentität letztlich gar keine Unterscheidung ist" (Butler 1991, S. 24).

11

Der Zusammenhang von biologisch-körperlichem Geschlecht, Geschlechtsidentität und Sexualität ist für Butler nicht kausal gegeben, sondern historisch und kulturell in Form von Geschlechterdualismus und Zweigeschlechtlichkeit entstanden (vgl. Bublitz 2010, S. 53).

4.1.1 Geschlecht (Sex) und Geschlechtsidentität (Gender)

Butler stellt sich damit gegen eine Unterscheidung von Sex und Gender. Für den bisherigen Feminismus war es aber wichtig, sex und gender begrifflich zu trennen, um klarzumachen, dass sich aus dem Geschlechtskörper keine Annahmen über das soziale Geschlecht ableiten lassen, sondern das soziale Geschlecht gesellschaftlich produziert und ansozialisiert ist (vgl. Butler 1991, S.22). Sex und Gender wurde „ursprünglich erfunden um die Formel „Biologie ist Schicksal" anzufechten" (Butler 1991, S.22).

Dies setzt die Annahme voraus, dass sex also das biologische Geschlecht und gender als Geschlechtsidentität oder das soziale Geschlecht eindeutig voneinander zu trennen sind und diese Unterscheidung bewirkt, dass Geschlecht und Geschlechtsidentität als unabhängig voneinander betrachtet werden können. Die Geschlechtsidentität als eine kulturelle Konstruktion kann dann als „vielfältige Interpretation des Geschlechts" gedacht werden und Butler führt, ausgehend von der sexuellen Binarität, also der Tatsache, dass es zwei unterschiedliche Geschlechter gibt, weiter aus, dass das Konstrukt „Männer" nicht immer einem männlichen Körper meint bzw. zugeschrieben wird und ebenso die Kategorie „Frauen" nicht unbedingt an einen weiblichen Körper gebunden sein muss (vgl. Butler 1991, S. 22f.).

Butler unterscheidet demnach das biologische Geschlecht und die durch Kultur geprägte Geschlechtsidentität und sie geht sogar noch weiter und kritisiert, dass bei der Trennung von Geschlecht und Geschlechtsidentität von einem natürlichen Geschlecht ausgegangen wird (vgl. Butler 1991, S. 23f.). „Werden die angeblich natürlichen Sachverhalte des Geschlechts nicht in Wirklichkeit diskursiv produziert, nämlich durch verschiedene wissenschaftliche Diskurse, die im Dienste anderer politischer und gesellschaftlicher Interessen stehen" (Butler 1991, S. 23)? Sie ist der Meinung, auch der Körper sei sozial geformt und somit könne nicht nur gender, sondern auch sex als eine kulturelle Konstruktion betrachtet werden und dementsprechend wäre gender nicht, wie oben erläutert, nur als kulturelle Interpretation von sex beschreibbar. Die Geschlechtsidentität wäre unter dieser Betrachtungsweise natürlich viel mehr, nämlich etwas, was die Geschlechter (sexes) selbst erst hervorbringt, also eine Art „Produktionsapparat", durch den diese erst gestiftet werden (vgl. Butler 1991, S. 24). „Die Geschlechtsidentität umfasst auch jene diskursiven/kulturellen Mittel, durch die eine geschlechtliche Natur oder ein natürliches Geschlecht als vordiskursiv, d.h. als der Kultur vorgelagert oder als politisch neutrale Oberfläche, auf der sich die Kultur einschreibt, hergestellt und etabliert wird" (Butler 1991, S. 24). Die diskursiven Mittel, die das soziale Geschlecht, die Geschlechtsidentität hervorbringen, stellen auch den biologischen Geschlechtskörper her. Beide, Gender und Sex, werden so als Folge von Diskursen, Normen, Gesetzen und Praktiken verstanden.

4.1.2 Zwangsheterosexualität

Ebenfalls verwirft Butler die Annahme, aus dem vermeintlich vordiskursiven biologischen Geschlecht würde sich eine dementsprechende Geschlechtsidentität und ein dazu passend ein heterosexuelles Begehren entwickeln, d.h. wenn das biologische Geschlecht z.B. weiblich ist bedeutet dies nicht im gesellschaftlichen Leben eine weibliche Rolle einzunehmen und weibliches Begehren zu haben. Für Butler ist das Begehren (desire) von Gender und Sex zu trennen. Nicht weil ihr weiblich oder männlich seid, müsst ihr die gesellschaftlich vorherrschenden Eigenschaften, Lüste, etc. befolgen. Es ist möglich biologisch weiblich zu sein und männlichen Lüsten zu folgen und umgekehrt. Hiermit prangert Butler die aktuellen gesellschaftlichen Vorstellungen von Geschlechtsidentitäten an: Mann und Frau passen anatomisch, psychisch und von den Verhaltensprägungen sowie ihrem sexuellen Begehren zusammen, zumindest gibt dies der regulierende Diskurs, der das Machtsystem der Zwangsheterosexualität reproduziert vor.

Hier wird für Butler fälschlicherweise eine kausale Beziehung produziert: Die Geschlechtsidentität leitet sich vom biologischen Geschlecht ab und folglich entwickelt passend zur Geschlechtsidentität die Struktur des heterosexuellen Begehrens (desire) und die Sexualität (vgl. dazu insgesamt Butler 1991, S 44f.). Geschlecht setzt sich somit aus den drei Elementen sex, gender and desire zusammen. Sie werden vom Diskurs über Geschlecht als kohärente Einheit konstruiert, sind somit Produkt gesellschaftlicher Machtkonstellationen (vgl. Butler 1991, S. 45).

Die Annahme aus dem vordiskursiven biologischen Geschlecht entwickelt sich die Geschlechtsidentität und daraus ein heterosexuelles Begehren dreht sie um: Für Butler erfolgt aus dem Diskurs der Zwangsheterosexualität logischerweise eine binäre Einteilung in zwei Geschlechtsidentitäten die sich als logische Grundlage das Konstrukt des binären biologischen Geschlechtskörpers ableiten, d.h. der Diskurs über Zwangsheterosexualität bringt die Menschen erst dazu den Körper als binär zu sehen (vgl. Butler 1991, S. 45f.).

4.1.3 Konzept der Performität

Wie bildet sich für Butler die Geschlechtsidentität, wenn diese nicht zwangsläufig aus dem Geschlecht folgt und das Begehren oder die Sexualität im allgemeinen nicht aus der Geschlechtsidentität zu folgen scheint, wie dies beispielsweise bei homo- oder bisexuellen Menschen der Fall ist?

Butler charakterisiert in „Von der Innerlichkeit zu den Performanzen der Geschlechtsidentität" (Butler 1991, S. 198) den Terminus der Performativität und erläutert auf dessen Basis die Entstehung der Geschlechter und der Geschlechtsidentitäten. Als Ausgangspunkt ihrer Theorie der Gender Performativität stützt Butler sich auf ein von Foucault, in „Überwachen und Strafen" entwickeltes Konzept. Butler versteht Foucaults Konzept als eine Umformulierung, der von Nietzsche formulierten Lehre von der Verinnerlichung, in „ein Modell der Einschreibung." Sie erklärt, dass nach diesem Modell Körper entstehen, welche die normativen Erwartungen der Gesellschaft und dessen Gesetze reflektieren. Körper entstehen durch die Produktion der Seele, die permanent auf die Körper eingeschrieben wird und durch dessen dauerhafte Wiederholung internalisiert wird (vgl. Butler 1991, S. 198f.). Judith Butler überträgt Foucaults Modell auf die Geschlechtsidentitäten, die auf den Körper eingeschrieben werden und durch Gesetze, Exklusion oder Inklusion die Binarität der Geschlechter und die Heterosexualität festigen sollen. Durch andere Formen der Sexualität und des Begehrens zeigt sich nach Butler allerdings, dass Geschlechtsidentität nicht aus dem Geschlecht folgen muss und sich dann als Konstruktion erweist (vgl. Butler 1991, S. 199f.). So behauptet sie: „Akte, Gesten, artikulierte und inszenierte Begehren schaffen die Illusion eines inneren Organisationskerns der Geschlechtsidentität (organizing gender core), eine Illusion, die diskursiv aufrechterhalten wird, um die Sexualität innerhalb des obligatorischen Rahmens der reproduktiven Heterosexualität zu regulieren" (Butler 1991, S. 200). Judith Butlers Konzept der Gender Performativität besagt, dass das Geschlecht einer Person eine Handlung darstellt und die Geschlechtsidentität durch die andauernde Wiederholung dieser Handlungen geschaffen wird und erhalten bleibt, d.h. das soziale Geschlecht ist nicht in die Wiege gelegt, sie ist kein innerer Kern des Körpers und entfaltet sich nicht aus einer weiblichen/männlichen Natur, sondern wird von außen durch Prägung, Sprache, etc. erlernt (vgl. Butler 1991, S. 202f.).

Das bedeutet, der Geschlechtsidentität wird die Forderung nach einem natürlichen Ursprung genommen und lässt die Geschlechtsidentitäten an sich als fragwürdig erscheinen, denn die binären Geschlechtsidentitäten konstituieren sich durch die permanente Reproduktion dieser Akte, die nur ein Produkt von bloßer Nachahmung sind.

Zusammenfassend lässt sich formulieren, dass die Geschlechtsidentität eine Konstruktion ist, die durch die Handlungen der Subjekte gestützt und aufrechterhalten wird. Geschlechtsidentität wird als ein Akt definiert, „der sowohl intentional als auch performativ ist, wobei der Begriff performativ auf eine inszenierte, kontingente Konstruktion der Bedeutung verweist" (Butler 1991, S. 205).

4.2 Relevanz im Hinblick auf die Fragestellung

Butler prangert insbesondere das dualistische Geschlechtersystem in unserer Gesellschaft an.

Für Butler gibt es keine Unterschiede bei den Geschlechtern, sowohl bei den sozialen als auch biologischen: Somit existieren für Butler die Kategorien „männlich" und „weiblich" nicht. „Die Begriffe Mann und männlich können dann ebenso einfach einen männlichen und einen weiblichen Körper bezeichnen wie umgekehrt die Kategorien Frau und weiblich" (Butler 1991, S. 23)

Die Körper unterscheiden sich zwar anatomisch, auch Butler geht davon aus, dass eine biologische Komponente des Menschen existiert, aber nichts ist durch den Körper oder das Geschlecht schon entschieden. Für Butler ist völlig offen was man/frau damit anfängt, weiblich oder männlich geformt zu sein. Für sie ist sex und gender eine historische Konstruktion: Wir interpretieren schon Vorstellungen in männlich und weiblich. Wünschenswert wäre eine Flexibilisierung was männlich und weibliche Geschlechterrollen sind und sie sieht in den gesellschaftliche Vorstellungen und Diskursen große Veränderungspotentiale. Bezogen auf die Entwicklung der männlichen/kindlichen Geschlechteridentität bedeutet dies nicht immer den typischen gesellschaftlichen Stereotypen zu folgen, was als männlich und weiblich vorgegeben ist, sondern mit den Rollen zu spielen. Butler meint nicht, dass wir völlig frei sind uns zu entscheiden, aber wir sind auch nicht verpflichtet eine bestimmte Rolle zu übernehmen, z.B. könnte ein Junge auch Frauenkleider tragen oder ein Mädchen sich für Fussball interessieren.

Butler geht es in ihrer Theorie auch darum Geschlechteridentitäten und -entwicklungen „gesellschaftsfähig" werden zu lassen, die von der Norm abweichen. Individuen sollen ihr Begehren und ihre Sexualität leben und zum Ausdruck bringen können. Dies bedeutet, dass Eltern ihr Kind, ihren Sohn in seiner Entwicklung vielfältige Rollen und Erfahrung anbieten sollen und ihr Kind die Möglichkeit hat sich in Freiheit für sein Begehren, seine Wünsche zu entschieden und auch ein „Anderssein" von den Eltern akzeptiert wird und er nicht in vorgefertigte gesellschaftliche Geschlechterstrukturen gelenkt wird.

Die Theorie von Butler ist m. E. interessant aber auch sehr abstrakt und schwer vorstellbar. Ist es möglich die Identitätsentwicklung von männlich und weiblich zu trennen oder erfolgt sie aufgrund unserer Geschlechterdualität immer entlang der Einteilung in Mädchen/Junge?

5. Bewältigungstheorie nach Lothar Böhnisch

Das Bewältigungstheorie von Lothar Böhnisch ermöglicht zum einen eine Analyse der Anstrengungen einzelner Subjekte in kritischen Lebenssituationen ihre Handlungsfähigkeit zu sichern oder wiederzuerlangen und diese andererseits mit den strukturellen Gegebenheiten – den Lebenslagen, in denen die Individuen agieren – in Verbindung zu bringen.

5.1 Zentrale Prämissen und Aussagen

Die zunehmende Individualisierung und Vielfältigkeit der Lebensgestaltung und die damit verbundene Herauslösung und Freisetzung traditioneller Einbettung und Eingebundenheit verstärkt das Bemühen um soziale Integration und Teilhabe der Menschen (vgl. Böhnisch 2012b, S. 44f.).

Für Böhnisch sind viele Lebensläufe heute entgrenzt und folgen nicht mehr einem klassischen Rahmen, wie der Normalerwerbsbiographie oder optionsreiche Möglichkeiten bei Ausbildung. Mit dieser Entgrenzungsdynamik werden immer neue wie problematische Lebensereignisse freigesetzt (vgl. Böhnisch 2012b, S. 46).

5.1.1 Streben nach Handlungsfähigkeit

Für Böhnisch ist das Streben nach subjektiver Handlungsfähigkeit ein zentrales menschliches Bedürfnis. Sein Konzept zeigt auf, wie sich sozialstrukturelle Probleme und gesellschaftliche Desintegration in „biografischen Integrations- und Integritätsproblemen und drauf bezogenen kritischen Lebensereignissen vermitteln", d.h. die Menschen erleben sich als überflüssig und ausgegrenzt und das Streben nach Handlungsfähigkeit tritt in den Vordergrund (vgl. Böhnisch 2012b, S. 47). In kritischen Lebenskonstellationen, wenn das psychosoziale Gleichgewicht – Selbstwertgefühl, soziale Anerkennung und Selbstwirksamkeit – gestört ist und bisherige personale und soziale Ressourcen zur Bewältigung als unzureichend wahrgenommen werden, kommt es zum unbedingten Streben nach der

(Wieder-)Erlangung von Handlungsfähigkeit. Dabei ist das Streben nach Handlungsfähigkeit in erster Linie nicht kognitiv-rational, sondern emotional bzw. triebdynamisch strukturiert (vgl. Böhnisch 2012a, S. 223).

Für Böhnisch gibt es vier Grunddimensionen die das Bewältigungsverhalten beeinflussen. Sie sind unterschiedlich stark ausgeprägt aufeinander bezogen. „Kritische Bewältigungskonstellationen sind gekennzeichnet durch eine tiefenpsychisch eingelagerte Erfahrung des Selbstwertverlustes, die Erfahrung sozialer Orientierungslosigkeit und fehlenden sozialen Rückhalts und die Suche nach erreichbaren Formen sozialer Integration, in die das Bewältigungshandeln sozial eingebettet und normalisiert werden kann" (Böhnisch 2012b, S. 47f).

5.1.2. Dimension der Lebensbewältigung

a) Erfahrung des Selbstwertverlust

Böhnisch geht dabei von einer tiefenpsychlogischen Sichtweise aus, d.h. der Mensch wird von einer emotionalen Selbstbehauptungskraft angetrieben, die auf Anpassungserwartungen und -zwänge der sozialen Umwelt trifft. Dabei kommt es zu Spannungen, Entwicklungs- und Bewältigungskonflikten, die durch Unterdrückung eigener Bedürfnisse zu Selbstwertverlust und sozialer Abspaltung führen können (vgl. Böhnisch 20112b, S. 48).

b) Erfahrung der sozialen Orientierungslosigkeit

Der Mensch ist ein soziales Wesen und ist auf andere und die Gesellschaft angewiesen. Dabei hängt das Vermögen mit sich selbst zurecht zu kommen, davon ab, wie man sich in der Gesellschaft zurechtfindet, d.h. wie ausbalanciert die Möglichkeiten zur sozialen Teilhabe und die biografische Realisierung eines befriedigenden sozialen Status ist. Ist dies nicht möglich kann ein Zustand der Anomie eintreten (vgl.Böhnisch 2012b, S. 50).

c) Die Erfahrung des fehlenden sozialen Rückhalts

Die Menschen sollen auf der einen Seite den wechselnden Anforderungen der Arbeits- und Konsumgesellschaft gegenüber offen, aufgeschlossen und flexibel sein, gleichzeitig gelingt diese Einstellung nur, wenn man mit sich identisch ist und über Halt und Unterstützung in seinem Privatleben verfügt, d.h. von der lokalen Beziehungswelt wird der Rückhalt erwartet, da die gesellschaftliche Lage unübersichtlich geworden ist (Böhnisch 2012b, S. 51).

d) Die Sehnsucht nach Normalisierung

Normalisierunghandeln zielt zunächst darauf ab in Krisensituationen handlungsfähig zu bleiben. Dies geschieht durch den Versuch sich als soziales Wesen zu integrieren und den Normalitäts- und Konformitätsdefinitionen der Gesellschaft zu entsprechen (vgl. Böhnisch 2012b, S. 52).

5.1.3 Biographische Lebensbewältigung

„Die Individualisierung der Lebensverhältnisse hat eine zunehmende Biografisierung des Lebenslaufes mit sich gebracht" (Böhnisch 2012b, S. 60), d.h. Lebensläufe sind durch eine Kernstruktur von Arbeit und Bildung vorgezeichnet. Individuen werden aber durch ihre sozialen und strukturellen Erfahrungen in ihrer Lebensgeschichte in aktuellen Situationen und Befindlichkeiten biografisch denken und agieren (vgl. Böhnisch 2012b, S. 60).

5.2 Relevanz im Hinblick auf die Fragestellung

„Angesichts entgrenzter Gesellschafts- und Lebensverhältnisse kann also nicht mehr von eindeutigen Modellen weiblicher und männlicher Sozialisation gesprochen werden. Wir haben es vielmehr mit ambivalenten Konstellationen der Entgrenzung zu tun, in denen…geschlechtstypische Einstellungen und Verhaltensweisen unterschiedlich und wechselnd freigegeben werden" (Böhnisch 2013, S. 22). Jungen als auch Mädchen bedienen sich gleichsam geschlechtsspezifischer Muster; der Sozialisationsprozess wird biografisiert und orientiert sich nicht primär an den geschlechtsspezifischen Rollenbildern (vgl. Böhnisch 2013, S. 22).

„Die gesellschaftlich eingelassene Definition von Mannsein oder Frausein können -…- die Erweiterung oder Verengung der Spielräume der Lebenslage bestimmen und geschlechtstypische Bewältigungsmuster freisetzen" (Böhnisch 2012b, S. 49f.), d.h. in kritischen Lebenslagen besteht die Tendenz bei Männern oder Frauen sich typisch ihrem Geschlecht zu verhalten (vgl. Böhnisch 2012b, S. 50)

Die Geschlechterorientierung ist für Böhnisch in den Körper eingeschrieben in den Interaktionen und Institutionen wirksam sowie durch die gesellschaftliche Arbeitsteilung strukturbildend. Damit stellt sie einen Grundantrieb der biografischen Orientierung und Handlungspraxis dar (vgl. ebd. 2013, S. 82f.).

Für Böhnisch ist bei dem „Geschlechterphänomen Männlichkeit" vom einem komplexen Zusammenspiel von leibseelischen, interaktiven und historisch-gesellschaftlichen Dynamiken vor dem Hintergrund verselbständigter Strukturen anzusehen. Er behauptet, dass

Männlichkeit in unterschiedlichen biographischen Bewältigungskonstellationen hervortritt (vgl. ebd. 2013, S. 82), so z.B. erhält das „(Selbstbehauptungs-)Streben" des Kindes eine erste Codierung in der frühkindlichen Bindungs- und Ablösungsphase, d.h. es entsteht für den kleinen Jungen zwischen ihm und seiner Mutter ein Spannungsverhältnis zwischen Bindungssehnsucht und Ablösungsdruck, das im späteren Leben als sogenannte Grundmatrix immer wieder in unterschiedlichen Formen vorhanden sein wird (vgl. ebd. 2013, S. 85). Die geschlechtsspezifische Bindungs- und Ablöseproblematik ist natürlich auch in eine gesellschaftliche Struktur eingebettet, die sich in unserer Gesellschaft oftmals in der Mutterzentriertheit und der unvollständigen Vateranwesenheit darstellt (vgl. ebd. 2013, S. 85f.). Durch die oftmals räumliche (Beruf) und geistige Abwesenheit der Väter ist es für den Jungen schwer eine Alltagsidentifikation zu bekommen „um in ein ganzheitliches -Stärken und Schwächen gleichermaßen verkörperndes- Mannsein hineinwachsen zu können" (Böhnisch 2013, S. 92). Er nimmt in erster Linie die Stärken und Schwächen der Mutter wahr, die Schwächen des Vaters werden durch die Abwesenheit eher selten sichtbar, was in Kombination zu den in den Medien vermittelten starken Männerbild zu einem einseitigen Vaterbild, zu einer Idolisierung des Mannseins und einer Abwertung des gefühlsmäßigen schwachen weiblichen Mutter führt (vgl. Böhnisch 2013, S. 92f.).

„Die alltägliche Bindungsintensität der Mutter und die mangelnde Alltagspräsenz des Vaters erschweren dem kleinen Jungen die Geschlechteridentifikation" (Böhnisch 2013, S. 96) und da die Identitätsfindungsprozesse von der Alltagserfahrung abhängig sind, rückt die Mutter in den Mittelpunkt der kindlichen Suche nach männlicher Geschlechteridentität. Diese entwickelt sich in dieser Konstellation über eine sogenannte „Umwegidentifikation" und „Nicht-Nicht-Mann-Perspektive", d.h. über eine Abwertung, Distanzierung und Negation von den sichtbaren weiblichen und damit nicht männlichen Geschlechtsmerkmalen und Ausdrucksformen läuft die männliche Identifikation am Weiblichen (vgl. Böhnisch 2013, S. 97). Der Vater sollte somit früh und alltäglich eine ganzheitliche Beziehung zu seinem Sohn aufbauen um somit dem strukturellen Zwang der „Umwegidentifikation", also der Abwertung der Mutter und der Idolisierung des Vaters gegenzusteuern (vgl. Böhnisch 2013, S. 97). Zudem sollten pluralistischen Vorstellungen und Einstellungen des Kindes von Mannsein zugelassen und unterstützt werden.

Die o.b. Erfahrungen des fehlenden sozialen Rückhalts beeinflussen zudem das problematische Mutter-Sohn-Modell und seine „gestörten" Auswirkungen auf die Geschlechterverhältnisse aktuell und wohl auch in Zukunft. Die Familie soll die Emotionalität und Sicherheit geben, die in der Arbeitswelt nicht mehr möglich. Dabei entsteht ein Druck, wenn die Familienmitglieder selbst Probleme haben, sich dadurch nicht als Familie begreifen und zudem primär versuchen ihre individuellen Interessen zu verwirklichen. Diese Überforderungskonstellation bewirkt ein Klammern der Mutter an der symbiotischen Mutter-Sohn-Beziehung über das frühkindliche Alter hinaus und der Vater ist aufgrund evtl. Verlustes an Selbstwert durch die Entgrenzung der Arbeit und des Nichtgelernthabens des Vaterseins nicht in der Lage seine Vaterrolle wahrzunehmen (vgl. dazu insgesamt Böhnisch 2013, S. 175f.).

6. Fazit

Mir fiel es unglaublich schwer einen Zugang zum Theorieprojekt bzw. die richtige Herangehensweise zu finden. Ich empfand meine Themenauswahl sehr spannend, aber es gestaltete sich für mich äußerst schwierig die richtige Literatur auszuwählen und selbst als ich dies erfolgreich bewältigt hatte, war ich nicht sicher wie ich die wichtigsten Informationen aus der Fülle der Literatur herausfiltern sollte. Nach einiger Zeit wurde dies jedoch leichter und ich begann die Zusammenhänge und Bezüge der Theorien auf meine „Forschungsfrage" und mein Thema zu erkennen. Aufgrund der Theorien liegt der Schwerpunkt der Arbeit primär auf der Entwicklung der (Geschlechts-) Identität und ergänzend in der Bedeutung des Vaters für für diese Entwicklung. Besonders interessant und spannend fand ich die Auseinandersetzung mit der Lebensbewältigung von Lothar Böhnisch und der, wenn auch sehr abstrakten Geschlechtertheorie von Judith Butler. Mit der soziologischen Identitätstheorie von Lothar Krappmann habe ich mir sehr schwer getan.

Die drei Theorien sind durch ihre Perspektive und Verortung sehr unterschiedlich in Bezug auf das Thema und die Fragestellung zu begreifen und zu übertragen und es kommt dadurch auch zu unterschiedlichen Ansätzen in Bezug auf die Entwicklung von (Geschlechter-) Identität und der Bedeutung des Vaters für diese.

Es ist mir noch wichtig anzumerken dass es in der Sozialen Arbeit nicht „die eine Theorie" gibt, sondern dass wie bei den o.b. Theorien unterschiedliche Perspektiven, Sichtweisen, Ansätze und Komponenten enthalten sind und im Hinblick auf das Thema sehr differenzierte Schlussfolgerungen möglich sind. Im Hinblick auf das Thema der Arbeit wäre wohl die kognitive Theorie der Geschlechtsrollenentwicklung von Lawrence Kohlberg auch interessant gewesen.

Der Erkenntnisgewinn bzgl. der Bedeutung und der Rolle des Vaters für der Geschlechtsentwicklung bei kleinen Jungen war dahingehend gewinnbringend, dass sich die in der Einleitung beschriebene Behauptung „Auch wenn Väter nicht direkt anwesend sind, können sie im Leben ihrer Kinder dennoch eine wichtige Rolle spielen" hauptsächlich in den Theorien und Behauptungen von Lothar Böhnisch bestätigt haben. Väter haben die Möglichkeit ihren Söhnen eine Stütze bei der Identitätsentwicklung zu sein, wenn sie sich zeitlich und mental auf ihre Vaterrolle einlassen und der Vater nicht nur in seiner „Idolisierungsfunktion" dem Jungen zur Verfügung steht.

Nach den Erkenntnissen dieser Arbeit ist die Entwicklung der (Geschlechter-) Identität von vielen Faktoren abhängig. Butler analysiert in ihrer feministischen Theorie die Benachteiligungen aufgrund des Geschlechtes und entlarvt das Geschlecht als Ordnungs- und Strukturkategorie. Das Besondere an ihrer Theorie ist die Nichtunterscheidung zwischen sex und gender. Bereits das Geschlecht sei Geschlechtsidentität und strukturell durch die Gesellschaft in Form der Geschlechterhierachie und der Zwangsheterosexualität vorgegeben. Dieser Ansatz muss jedoch, wie die Ergebnisse dieser Arbeit und die nur bedingte Praxistauglichkeit von Butlers Theorie zeigen, kritisch betrachtet werden. Unsere Gesellschaft ist durch einen tiefgreifenden strukturellen Wandel geprägt. Angefangen bei den historischen, kulturellen und gesellschaftlichen Normen und Werten und dem Rollenverständnis und -erwartungen der Eltern gegenüber ihrem Kind. Auch strukturelle Bedingungen wie Familiensituation und Erwerbsarbeit sind zentrale Faktoren, die die Entwicklung der (Geschlechter-) Identität beeinflussen. Die Pluralisierung und Individualisierung von Lebenslagen führt zu veränderten Familienkonstellationen und damit zum Verlust von Sicherheiten und Selbstverständlichkeiten, die ebenso wie stereotype Vorstellungen von Rollenbildern und -erwartungen in unserer nach wie vor dualistisch denkenden und geprägten Gesellschaft die Entwicklung von (Geschlechter-) Identitäten bei Kindern bedingen und beeinflussen.

Wie dargestellt ist für die geschlechtliche Entwicklung von Jungen die Mutter-(Vater-) Kind Beziehung besonders prägend. Bereits früh entwickelt sich ein Gefühl der sexuellen Identität. Diese wird im Verlauf der Sozialisation durch Interaktionen im Kindergarten, Schule, etc. weiterentwickelt und gefestigt (vgl. Lammerding 2004, S. 138).

Oft werden beispielsweise in Kindergärten die stereotypen gesellschaftlichen Rollenvorstellungen von Jungen und Mädchen unbewusst entwickelt, d.h. Mädchen werden kleinräumig am Tisch beschäftigt, während sich die Jungen austoben oder im Außenbereich die „Welt" erkunden. In der Regel mangelt es im Kindergarten auch an männlichen Erziehern, was die von Böhnisch beschriebene Idolisierung des Männlichen und Abgrenzung des weiblichen zur alltäglichen Bewältigungsaufgabe werden lässt (vgl. Böhnisch 2012b, S. 118).

Was bedeutet dies für die Soziale Arbeit? Generell konnte ich als Handelnder in der Sozialen Arbeit viel Wissen und Nützliches für meine Arbeit, in der auch der überwiegende Teil ohne männliche Bezugsperson aufwächst, herausziehen. Teilweise wurde ich in meinem bereits vorhandenen Wissen bestärkt, teilweise ergaben sich mir völlig neue Inhalte und Erkenntnisse. Allein durch das Bewusst werden der Zusammenhänge und Faktoren, wie sich (Geschlechter-)Identität entwickelt, war die Arbeit ein sehr interessantes und informatives Projekt.

Literaturverzeichnis

Böhnisch, Lothar 2012a: Lebensbewältigung. In: Thole, Werner (Hrsg.): Grundriss Soziale Arbeit: Ein einführendes Handbuch, 4. Auflage, Wiesbaden, S. 219-234

Böhnisch, Lothar 2012b: Sozialpädagogik der Lebensalter: Eine Einführung. 6., überarbeitete Auflage, Weinheim und Basel

Böhnisch, Lothar 2013: Männliche Sozialisation: Eine Einführung. 2., überarbeitete Auflage, Weinheim und Basel

Bublitz, Hannelore 2010: Judith Butler zur Einführung. 3., vollständig überarbeitete Auflage, Hamburg

Butler Judith 1991: Das Unbehagen der Geschlechter. Frankfurt am Main

Kalicki, Bernhard 2006: Von der Vaterforschung zur Familienpolitik: Väter in der öffentlichen Debatte. In: Bundesministerium für Familie, Senioren, Frauen und Jugend (Hrsg.): Facetten der Vaterschaft: Perspektiven einer innovativen Väterpolitik, Berlin, S. 190-198

Krappmann, Lothar 1993: Soziologische Dimensionen der Identität: Strukturelle Bedingungen für die Teilnahme an Interaktionsprozessen, Stuttgart

Krappmann, Lothar 1973: Neuere Rollenkonzepte als Erklärunsmöglichkeit für Sozialisationsprozesse. In: b:e tabu: Familienerziehung; Sozialschicht und Schulerfolg, Weinheim und Basel, S. 161 - 183

Küppers, Caroline 2012: Soziologische Dimension von Geschlecht. In: Aus Politik und Zeitgeschichte. Beilage zur Wochenzeitung das Parlament vom 14. Mai 2012, S. 3 - 8

Lammerding, Frank 2004: Geschlechtsidentitätsentwicklung von Jungen: Kollektive Männlichkeitsorientierungen in der Adoleszenz, Berlin

Saltzwedel, Johanna 2009: Das Risiko der Vaterentbehrung: Wozu brauchen wir einen Vater?, Hamburg

Schon, Lothar 2010: Sehnsucht nach dem Vater. Die Psychodynamik der Vater-Sohn-Beziehung, Stuttgart

Stahr, Ingeborg 1993: „Weibliche" Identität und Lernvoraussetzungen: Aspekte eines handlungstheoretisch begründeten Identitätsbegriffs. In: Deichs-Kunstmann, Karin: Frauen lernen anders, Wissenschaftliche Reihe 53, Bielefeld, S. 48 - 60

Walbiner, Waltraut 2006a: Vom Patriarchat und anderen Mythen: Historischer Wandel in der Rolle des Vaters. In: Bundesministerium für Familie, Senioren, Frauen und Jugend (Hrsg.): Facetten der Vaterschaft: Perspektiven einer innovativen Väterpolitik, Berlin, S. 5-15

Walbiner, Waltraut 2006b: Wenn der Vater fehlt In: Auswirkungen von Vaterabwesenheit auf die Familie und das kindliche Wohlergehen. In: Bundesministerium für Familie, Senioren, Frauen und Jugend (Hrsg.): Facetten der Vaterschaft: Perspektiven einer innovativen Väterpolitik, Berlin, S. 159-162

BEI GRIN MACHT SICH IHR WISSEN BEZAHLT

- Wir veröffentlichen Ihre Hausarbeit,
  Bachelor- und Masterarbeit

- Ihr eigenes eBook und Buch -
  weltweit in allen wichtigen Shops

- Verdienen Sie an jedem Verkauf

Jetzt bei www.GRIN.com hochladen
und kostenlos publizieren